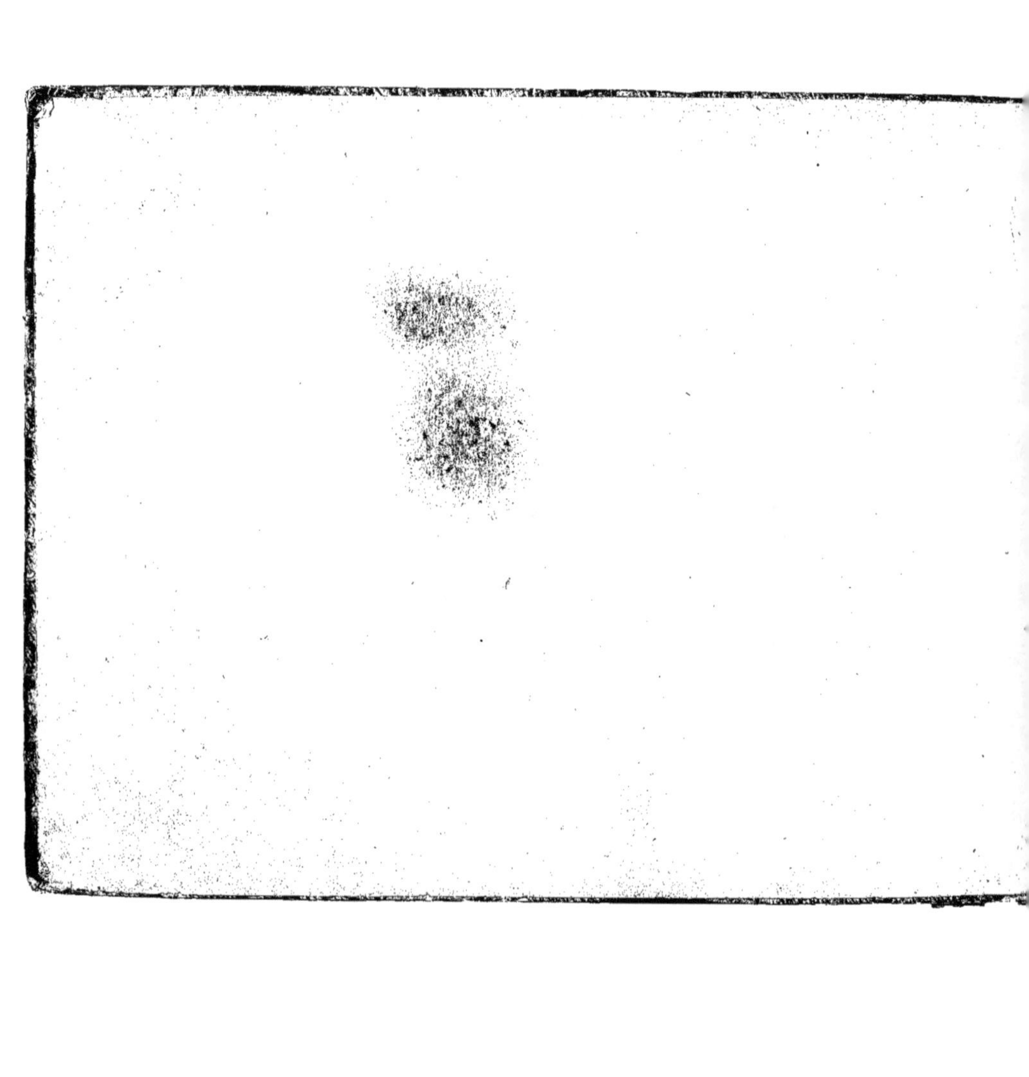

GRAMMAIRE HÉBRAÏQUE

EN TABLEAUX,

PAR P. G. AUDRAN, PROFESSEUR DES LANGUES HÉBRAÏQUE, CHALDAÏQUE ET SYRIAQUE, AU COLLÈGE DE FRANCE.

PRIX : 6 FRANCS, PAPIER SATINÉ, BROCHÉ.

A PARIS,

CHEZ
J.-M. EBERHART, IMPRIMEUR DU COLLÈGE DE FRANCE, rue des Mathurins Saint-Jacques, N°. 10.
PIERRE-JACQUES MEQUIGNON, rue du Petit-Pont, au coin de celle Saint-Severin, N° 26.
VARIN, Libraire, rue Saint-Severin, N° 11.

1805.

(Le Relieur doit coller cette feuille au dos du titre.)

ERRATA ET OBSERVATIONS.

I. Tableau, dans l'Exercice de Lecture, 2e *Verset, au lieu de* Alinou, *lisez* Âlinou.

II. — — Colonne des Linguales, dans quelques exemplaires נ manque entre ל et ר.

III. — 8e *ligne, après les trois premières colonnes, au lieu de* en donnant aux noms, aux pronoms et aux verbes, les inflexions, etc., *lisez* en donnant aux différens mots les inflexions, etc.

14e *ligne, au lieu de la phrase commençant par ces mots* : Le nom de *servile*, *lisez* : Cet exemple de lettres serviles que nous prenons dans le verbe *amo*, est insuffisant pour indiquer tout ce qu'on entend par lettres serviles dans la Grammaire Hébraïque. On y comprend encore des lettres qui sont pronoms et particules, et qu'on a considérées comme mots secondaires, parce qu'ils font de très petits mots, même des parties de mots, et enfin, parce qu'ils sont liés à de plus grands, de même que si en latin on disoit d'un seul mot *èterrâ*, *tradobis*, pour *trado vobis*, etc.

Dernière ligne au-dessus de la note, au lieu de ספצקר, *lisez* סעפצקר, *et au lieu de* saphètsaqour, *lisez* sâphètsaqour.

VIII. — *Lisez le commencement de l'avant-dernière colonne de cette manière*........................

D'AUTRES ont quatre lettres radicales.
Quelquefois ce sont quatre lettres différentes. EXEMPLE. כרבל, *Couvrir.* D'autrefois ce sont des lettres répétées. EXEMPLES.

XI. — *Dans la case intitulée*, Les Variantes de Nouphâl, *après ces mots* : quant à la caractéristique, ont lieu de la manière qui se voit, *lisez le reste ainsi* : dans six des sept mots ci-contre, savoir, dans quatre, par la substitution de ה à נ, et dans deux, par la suppression de נ.

XII. — *Dans la colonne* Phé - א, *au lieu de ce qu'elle contient, lisez :* L'א ne se perd qu'après des lettres formatives. Ce n'est aussi qu'après des lettres formatives qu'on trouve cet א changé en ו. Mais ces derniers exemples sont rares.

3e *ligne de la colonne intitulée* Âïn - ו, *au lieu de* la Voix Ephâïl, *lisez* la Voix Ephâl.

Au bas de la page, 5e ligne avant la dernière, ajoutez : חתן, est le seul de ces quatre mots que l'Étudiant ne trouveroit pas par l'étude des Tableaux. Il trouveroit les trois autres; mais il lui est plus commode de les trouver tous quatre réunis ici.

Nota. Le Latin a été ordinairement plus approprié à rendre mot pour mot, comme cela convient aux Commençans, les mots Hébreux qui se rencontrent dans ces Tableaux. C'est par cette raison que la traduction n'en est pas toujours faite en François.

PRÉFACE.

CETTE Grammaire suppose dans le lecteur les premières connoissances et une légère habitude du latin; cela suffira. Quelle que soit la langue qu'on ait étudiée la première, on s'est familiarisé avec des principes qui sont communs à toutes, et qu'on retrouve avec autant d'utilité que de plaisir, quand par la suite on veut en étudier une autre.

La page suivante annonce des tableaux et des appendices.

Les tableaux contiennent les notions principales.

Les appendices contiennent des notions accessoires, développemens, exemples, exceptions, etc.

Il ne sera question dans les uns et les autres, après quelques détails sur les lettres, que des noms, des pronoms, des verbes. Ce sont là les seuls mots qui exigent un travail sérieux, parce qu'ils sont sujets à des variations. Ceux qui sont invariables, comme les particules conjonctives et autres, n'exigent qu'un Dictionnaire et de la mémoire.

La Syntaxe Hébraïque est peu différente de celle des autres langues, et ne présentera pas de véritables difficultés.

La méthode la plus sûre et la plus prompte pour le commençant, est qu'il se mette à la traduction aussitôt qu'il aura parcouru et conçu les tableaux. Les consulter avec persévérance, ne sera nécessaire que pendant peu de temps. C'est en s'exerçant sur les textes que l'étudiant acquerra de l'expérience et enfin le vrai savoir, comme c'est au champ de bataille que le soldat devient guerrier. Ordinairement les difficultés cèdent à un travail généreux. Si quelque locution obscure, irrégulière dans un passage, a long-temps arrêté ou mis en défaut un nombre d'interprètes, souvent les mots les plus embarrassans eux-mêmes servent à l'homme attentif pour se conduire au vrai sens et en donner la démonstration.

Mais la véritable pierre de touche d'une explication proposée pour un endroit difficile, c'est de comparer cette explication, de la balancer avec l'ensemble entier du texte où réside la difficulté. L'explication est bonne, si la pensée qu'elle offre, est dans un contact rigoureux avec ce qui l'entoure; si elle occupe sa place avec justesse, sans vide ni excès, entre ce qui précède et ce qui suit.

Ce n'est pas dans l'Hébreu seulement qu'il faut une pareille épreuve pour s'assurer de la véritable valeur de tel mot à telle place.

Dans le françois on dit défendre { de faire une chose, *ou bien*, sa vie. }

Dans le latin, *facies* signifie { tu feras, *ou bien*, la face. }

On connoît l'épigramme de Martial:

Quis neget Æneæ magna de stirpe Neronem?
Sustulit hic matrem, sustulit ille patrem.

TABLEAUX.

Nota. Six colonnes dans le second Tableau sont restées vides, parce que l'imprimeur n'a pu se procurer les caractères syriaques et arabes qui seroient nécessaires. Céder à cet inconvénient, en retardant l'édition de la Grammaire, auroit été frustrer l'espérance des Elèves. La promesse leur a été faite qu'à la rentrée du College, ces Tableaux composés pour eux, leur seroient donnés imprimés; et cette rentrée sera sous peu de jours.

Chacun, suivant son goût, son loisir, pourra copier dans ces colonnes vides, les exemples encore manuscrits qui étoient destinés à les remplir, et dont le déficit d'ailleurs n'empêche pas l'étude des autres Tableaux.

21 *Brumaire an* 14 (12 *Novembre* 1805).

ALPHABET ET LECTURE.

LETTRES.

LEUR ORDRE.	LEURS FIGURES. Initiales et Médiales.	LEURS FIGURES. Finales.	LEURS NOMS.	LEUR PRONONCIATION. Devant une Voyelle, et à la fin d'un mot.	LEUR PRONONCIATION. Devant une Consonne.
1.	א	.	Aleph.	A.	A.
2.	ב	.	Beth.	B.	Bé.
3.	ג	.	Ghimel.	Gh.	Ghi.
4.	ד	.	Daleth.	D.	Da.
5.	ה	.	É.	É.	É.
6.	ו	.	Ouau.	Ou.	Ou.
7.	ז	.	Zaïn.	Z.	Za.
8.	ח	.	Hèth.	Hê.	Hê.
9.	ט	.	Teth.	T.	Té.
10.	י	.	Iod.	I.	I.
11.	כ	ך	Kaph.	K.	Ka.
12.	ל	.	Lamed.	L.	La.
13.	מ	ם	Mem.	M.	Mé.
14.	נ	ן	Noun.	N.	Nou.
15.	ס	.	Samek.	S.	Sa.
16.	ע	.	Âïn.	Â.	Â.
17.	פ	ף	Phé.	Ph.	Phé.
18.	צ	ץ	Tsadé.	Ts.	Tsa.
19.	ק	.	Qouph.	Q.	Qou.
20.	ר	.	Ress.	R.	Ré.
21.	ש	.	Ssin.	Ss.	Ssi.
22.	ת	.	Thau.	Th.	Tha.

RAPPROCHEMENT

DES CARACTÈRES QUI POURROIENT EMBARRASSER LES COMMENÇANS, PAR LA RESSEMBLANCE

DE FIGURE.			DE PRONONCIATION.		
Beth.	ב – כ	Kaph.			
Ghimel.	ג ג	Noun.	Aleph.	א – ע	Âïn.
Daleth.	ד – ך	Kaph *final.*	E.	ה – ח	Hèth.
Daleth.	ד – ר	Ress.	Zaïn.	ז – צ	Tsadé.
É.	ה – ח	Hèth.	Teth.	ט – ת	Thau.
Ouau.	ו – ז	Zaïn.	Kaph.	כ – ק	Qouph.
Mem *final.*	ם – ס	Samek.	Samek.	ס – ש	Ssin.
Zaïn.	ז – ן	Noun *final.*			
Âïn.	ע – צ	Tsadé.			

CARACTÈRES QUI S'ÉLARGISSENT PLUS COMMUNÉMENT.

א	Aleph.	א	ם	Mem *final.*	ם
ה	É.	ה	ר	Ress.	ר
ל	Lamed.	ל	ת	Thau.	ת

ﭏ LIGATURE UNIQUE EN HÉBREU, QUI SIGNIFIE אל.

EXERCICE sur le Psaume 117.

TEXTE.	LECTURE.
1er Verset.	
הללו	Élalou
את	Ath
יהוה	Iéoué
כל	Kal
גוים	Ghouim
שבחוהו	Ssibhêouéou
כל	Kal
האמים	Éamim
2e Verset.	
כי	Ki
גבר	Ghiber
עלינו	Alinou
חסדו	Hêsadou
ואמת	Ouameth
יהוה	Iéoué
לעולם	Lâoulam
הללו	Élalou
יה	Ié

TRADUCTION DU PSAUME CXVII, AVEC EXPLICATION ANALYTIQUE A LA PORTÉE DES COMMENÇANS.

Ier VERSET.

LAUDATE ÆTERNUM, OMNES GENTES; CELEBRATE EUM, OMNES POPULI:

1er Mot.	הללו *Laudate*	Seconde pers. masc. plur. de l'impératif du verbe הלל, *laudare*. Voir le Tableau de la Conjugaison d'un Verbe régulier.
2. —	את	Particule, qui n'a point ici de valeur propre, mais seulement une fonction, qui est d'indiquer, après le verbe actif, le nom de l'objet sur lequel s'exerce l'action signifiée par le verbe.
3. —	יהוה *Æternum,*	Nom substantif masc. Voir l'Appendice du V. Tableau.
4. —	כל *omnes*	Nom adjectif commun aux deux genres, masculin et féminin: l'Hébreu n'a point de neutre. כל est aussi de tout nombre, singulier, duel, pluriel.
5. —	גוים; *gentes;*	Pluriel du nom subst. masc. גוי, *gens*. Ce pluriel seroit plus régulièrement גויים; mais il y a contraction des deux י en un seul, et cette contraction donne גוים: ou bien, l'on peut dire que ce pluriel s'est formé par l'addition de la seule lettre ם. Voir le Tableau de l'Introduction aux Noms.
6. —	שבחוהו *celebrate eum,*	Deux mots en un seul: comme on voit en latin *tecum*, *dixitque*. Le premier mot est שבחו, *celebrate*, seconde pers. masc. plur. de l'impératif du verbe שבח, *celebrare*: c'est la même forme que celle du mot הללו. — Le second mot est הו, pronom *affixe*, c'est-à-dire, uni à la fin du mot précédent: ici il signifie *eum*. Voir le Tableau des Pronoms.
7. —	כל *omnes*	Nom adjectif de tout genre et de tout nombre. Voir le quatrième mot ci-dessus.
8. —	האמים *populi:*	Deux mots en un: אמים, plur. du nom subst. masc. אם, *populus*. Le ה, qui est uni au commencement de ce mot, est un article qui a la valeur du françois *le*, *la*, *les*, ou du grec ὁ, ἡ, τό. Voir le Tableau de l'Introduction aux Noms.

IIe VERSET.

QUIA POTENS SUPER NOS FAVOR EJUS, ET FIDELITAS ÆTERNI IN ÆTERNITATEM. LAUDATE ÆTERNUM.

1er Mot.	כי *Quia*	Particule conjonctive: ce mot כי a beaucoup d'autres valeurs, que l'usage apprendra.
2. —	גבר *potens*	Singulier masculin du nom adjectif גבר, *potens*; il s'accorde avec son sujet חסד, qui est masculin.
3. —	עלינו *super nos*	Deux mots en un: עלי, *super*; נו, pronom affixe, *nos*. Voir le Tableau des Pronoms.
4. —	חסדו *favor ejus,*	Deux mots en un: חסד, nom substantif masculin singulier, *favor*; ו, pronom affixe, *ejus*. Voir le Tableau des Pronoms.
5. —	ואמת *et fidelitas*	Deux mots en un: la première lettre ו signifie *et*. Cette particule conjonctive s'unit au commencement du mot. — Le second mot אמת, *fidelitas*, est un nom formé de la racine אמן, *fidelem esse*. Voir le Tableau des Noms quant à la racine.
6. —	יהוה *Æterni*	Nom substantif masculin. Voir l'Appendice du V. Tableau.
7. —	לעולם: *in æternitatem.*	Deux mots en un: ל, particule qui signifie *in*; עולם, nom substantif masculin singulier, *æternitas*: la racine est עלם, *abscondi*. Voir le Tableau de l'Introduction aux Noms, et celui des Noms quant à la racine.
8. —	הללו *Laudate*	Seconde pers. masc. plur. de l'impératif du verbe הלל. Voir le Tableau de la Conjugaison d'un Verbe régulier.
9. —	יה: *Æternum.*	Abréviature du mot יהוה. Voir l'Appendice du V. Tableau.

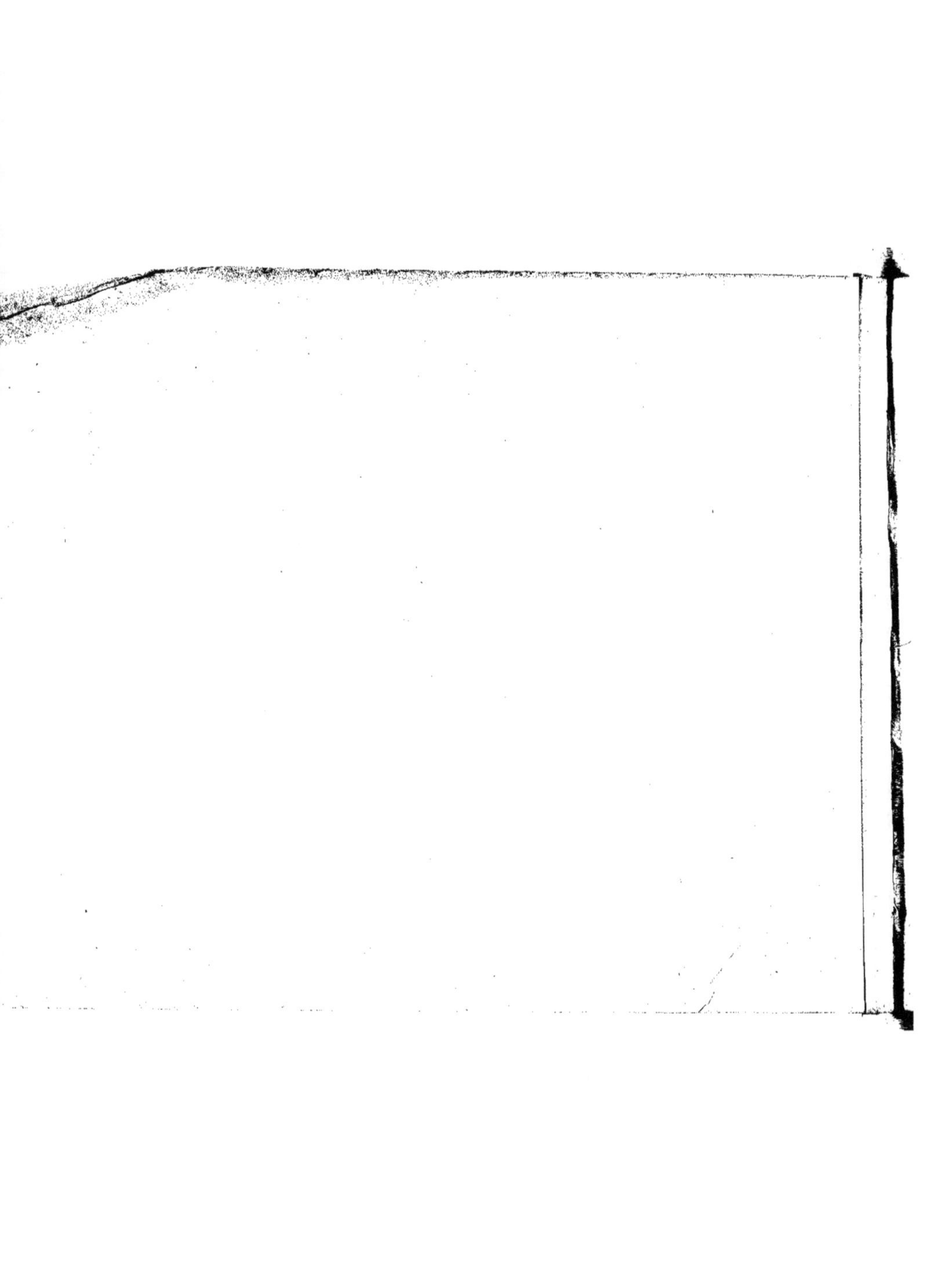

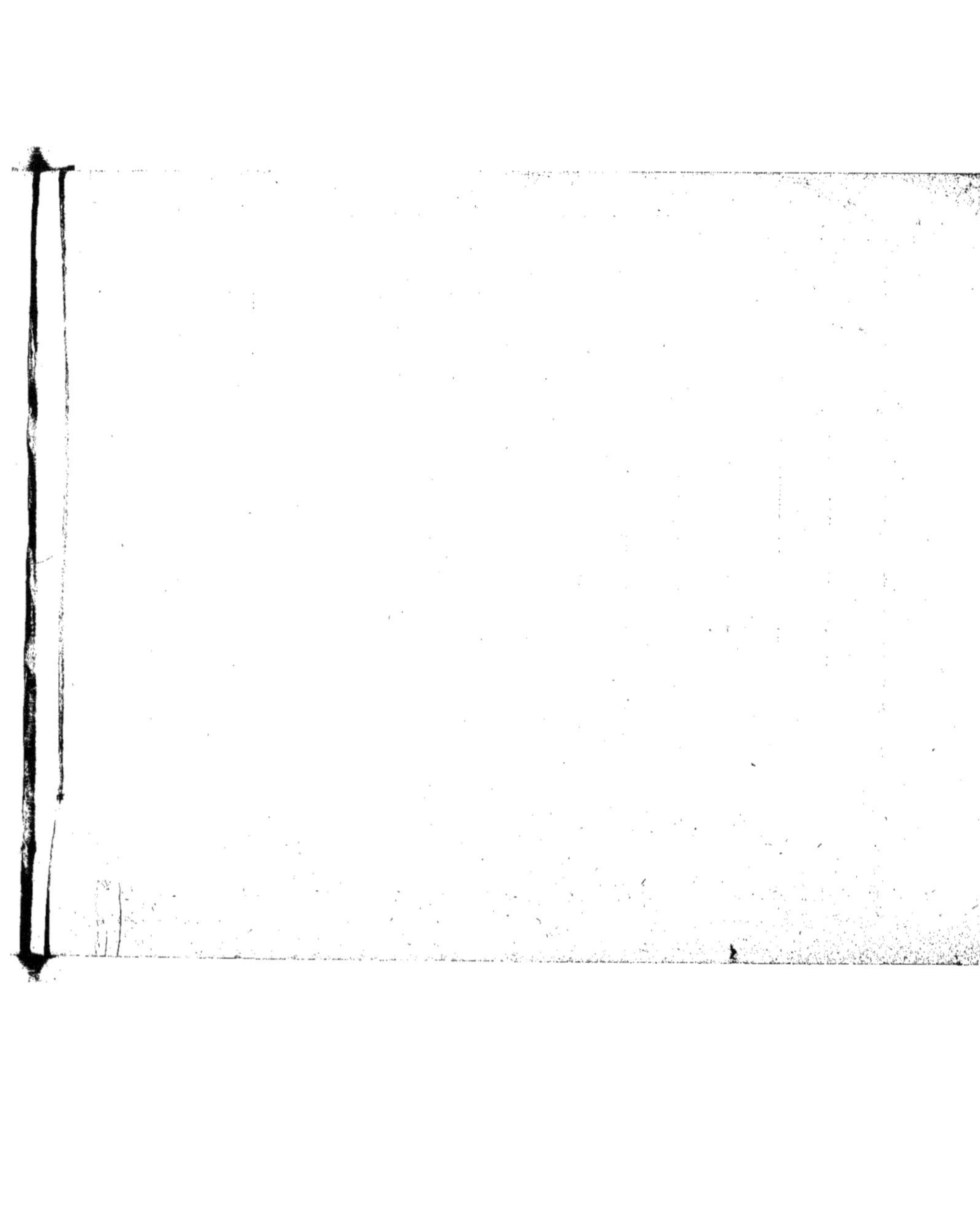

LES LETTRES CONSIDÉRÉES SUIVANT L'ORGANE PRINCIPAL DE CHACUNE, ET LA PERMUTATION QU'ELLES EXERCENT ENTR'ELLES.

Quoique tous les organes de la parole contribuent à la prononciation de chacune des lettres de l'alphabet; cependant, comme ils n'y contribuent pas tous également, on a imaginé de classer les lettres à raison des organes qui y ont plus de part. Cette classification n'a pas été faite unanimement par ceux qui s'en sont occupés. Nous adoptons ici celle qui nous paraît la meilleure.

Alphabet.	Gutturales.	Palatales.	Linguales.	Dentales.	Labiales.
א	א	·	·	·	·
ב	·	·	·	·	ב
ג	·	ג	·	·	·
ד	·	·	ד	·	·
ה	ה	·	·	·	·
ו	ו	·	·	·	·
ז	·	·	·	ז	·
ח	ח	·	·	·	·
ט	·	·	ט	·	·
י	י	·	·	·	·
כ	·	כ	·	·	·
ל	·	·	ל	·	·
מ	·	·	·	·	מ
נ	·	·	נ	·	·
ס	·	·	·	ס	·
ע	ע	·	·	·	·
פ	·	·	·	·	פ
צ	·	·	·	צ	·
ק	·	ק	·	·	·
ר	·	·	ר	·	·
ש	·	·	·	ש	·
ת	·	·	ת	·	·
22.	6.	3.	6.	4.	3.

Cette considération des lettres suivant l'organe est d'un grand usage, parce que la permutation des lettres dans les mots de valeur semblable, ou presque semblable, se faisant à raison principalement de l'identité d'organe, il peut en résulter souvent un moyen de comparer les mots entr'eux, et de connaître avec plus de précision la valeur essentielle de chacun.

C'est un moyen aussi de reconnaître dans les autres langues orientales, filles ou sœurs de l'Hébreu, le mot dont on s'occupe, et d'aller y puiser pour ce mot, une valeur qui n'appartient pas moins à l'Hébreu qu'à ces langues, quoique l'Hébreu, dans le livre unique qui le contient, n'en fournisse pas d'exemples. L'Arabe surtout, à cause de la multiplicité des livres écrits en cette langue, fournit une grande ressource.

Si les étudians, à peine initiés dans la lecture de l'Hébreu, ne trouvoient dans ce tableau que des exemples pris dans les langues orientales, il leur seroit impossible de l'entendre. Mais comme la correspondance de toutes les langues de l'Univers est telle, que chacune peut nous offrir des exemples pour le besoin de ce tableau, nous joignons aux mots orientaux que l'étudiant n'entendra pas d'abord, des mots européens qui, entendus dès la première lecture, suffiront à la preuve.

Ainsi, la nécessité que nous éprouvons de sortir de l'Hébreu pour nous faire entendre, procure à ce tableau une utilité qu'il n'auroit pas eue sans cela. Les étudians y voient un même mot avoir place dans plusieurs langues, quelquefois identiquement, quelquefois avec de légères variétés seulement. C'est un apperçu qui les prépare à ce que nous devons leur dire bientôt en expliquant le chapitre XI de la Genèse.

Note. Les points qui se trouvent à différens mots dans les colonnes suivantes, répondent aux lettres radicales. Il en sera de même dans les tableaux suivans. Le IIIe. Tableau expliquera ce qu'il faut entendre par lettres radicales.

Abréviatures de ce Tableau.

H. = Hébreu. S. = Syriaque. G. = Grec. L. = Latin.
C. = Chaldéen. A. = Arabe. F. = François. I. = Italien.
E. = Espagnol. Al. = Allemand. An. = Anglois.

GUTTURALES אהוחיע	PALATALES גכק	LINGUALES רטלנדת	DENTALES זסצש	LABIALES במפ	PERMUTATIONS qui appartiennent à plusieurs des cinq colonnes précédentes.

LES LETTRES CONSIDÉRÉES SUIVANT LEURS FONCTIONS GRAMMATICALES.

LETTRES RADICALES.	ALPHABET.	LETTRES SERVILES.
.	א	א
.	ב	ב
ג	ג	.
ד	ד	.
.	ה	ה
.	ו	ו
ז	ז	.
ח	ח	.
.	ט	ט
.	י	י
.	כ	כ
.	ל	ל
.	מ	מ
.	נ	נ
ס	ס	.
ע	ע	.
פ	פ	.
צ	צ	.
ק	ק	.
ר	ר	.
.	ש	ש
.	ת	ת
10	22	12

Quand on distingue les lettres en *radicales* et *serviles*, ce n'est pas qu'il y en ait quelques-unes qui soient purement serviles, et que les autres soient seules radicales. Toutes, à parler rigoureusement, sont *radicales*, puisqu'il n'y en a aucune qui n'entre dans quelque racine.

Mais on appelle ordinairement

Radicales, celles qui ne sont jamais serviles;

Serviles, celles qui, à la vérité, sont quelquefois radicales, mais qui sont aussi *serviles*; c'est-à-dire qu'elles font, si l'on peut parler ainsi, le *service* du discours, en donnant aux *noms*, aux pronoms et aux verbes, les inflexions, le jeu, le mouvement nécessaires.

Pour se faire une idée juste des lettres radicales et des lettres serviles, il suffit de réfléchir un instant sur ce qui arrive dans le latin aux trois lettres du verbe AMO, à mesure que sa conjugaison se développe. Les deux premières, AM, sont un certain fond qui se retrouve toujours : la dernière, O, se perd, se change en beaucoup d'autres; et ce changement est ce qui différencie les temps, les personnes, etc. Voilà dans AM l'image de nos *radicales*; dans O, AS, AT, etc. l'image de nos *serviles*.

Le nom de *servile*, dans la grammaire hébraïque, a une latitude qui comprend certains pronoms et certaines particules.

Nous mettons ט au nombre des serviles, contre l'usage, mais suivant la vérité, puisque cette lettre est réellement, comme on le verra dans le XI. tableau, servile formative, en tant que caractéristique de la 5e voix de certains verbes.

On appelle *formatives* les serviles qui appartiennent proprement aux noms, aux pronoms et aux verbes, et qui en forment les inflexions différentes, en s'associant à la racine, avant, ou après, ou entre ses lettres.

La *racine* est l'infinitif du verbe, c'est-à-dire, le mot par lequel l'idée que le verbe exprime, est montrée dans sa généralité, avant qu'elle soit particularisée, déterminée à tel temps ou à telle personne (1).

La racine est ordinairement composée de trois lettres. On verra par la suite l'intérêt qu'il y a de distinguer ces trois lettres. Pour les désigner, on se sert de celles du mot פעל, comme si elles étoient les chiffres 1, 2, 3.

Ce verbe פעל qui signifie *faire*, a été adopté par les anciens grammairiens, et est encore aujourd'hui d'usage, non-seulement pour désigner les lettres radicales des verbes, mais aussi pour donner les noms de ses cinq voix aux voix de tous les autres verbes.

Pour se rappeler aisément les lettres radicales et les lettres serviles, on pourra, si l'on veut, mettre dans sa mémoire quatre mots forgés exprès :

Pour les dix radicales { גדזח ghidozé. / ספצקר saphitsaqour. } Pour les douze serviles. { אבוהטי abouthi. / כלמנשת calamenousith. }

(1) D'autres disent que la racine est la troisième personne masculine du singulier du prétérit. Ils se fondent sur une raison de grammaire : qui est que le mot racine, quoiqu'il soit le même pour l'infinitif et pour cette troisième personne du prétérit, ne varie pas au prétérit, au lieu qu'à l'infinitif il varie. Le choix entre ces deux manières de considérer la racine est très-peu important, et les lexicographes eux-mêmes, donnent également אמר, *dicere*, אמר, *dixit*. On ne trouve pas moins אמר, *dictum*, et ainsi d'un grand nombre d'autres mots. On seroit donc pareillement fondé à dire que les noms sont la racine : en effet, on convient généralement que l'infinitif est un véritable nom, comme en françois le *boire*, le *manger*. Au reste, nous ne discutons pas les opinions différentes sur ce point; les regardant comme aussi inutiles dans la théorie, que vaines dans la pratique. D'ailleurs cette question appartient à la grammaire générale plutôt qu'à la grammaire hébraïque.

EXPOSÉ PLUS DÉTAILLÉ DES DOUZE LETTRES SERVILES.

12 LETTRES.	1	1	1	7	5	8	6	4	1	1	1
א	א	.	.	א	.	א	.	.	.	.	.
ב	.	.	.	.	ב	.	.	ב	.	.	.
ה	.	.	.	ה	.	ה	ה	.	ה	.	.
ו	.	ו	.	ו	.	ו	ו	.	.	ו	.
ט	.	.	.	.	ט	ט	.	.	.	.	.
י	.	.	י	י	.	י	י	.	.	.	.
כ	.	.	.	.	כ	.	ך	כ	.	.	.
ל	.	.	.	ל	.	.	.	ל	.	.	.
מ	.	.	.	.	מ	ם	ם	מ	.	.	.
נ	.	.	.	נ	.	נ	ן	.	.	.	.
ש	.	.	.	.	ש	.	.	.	.	.	ש
ת	.	.	.	ת	.	ת	.	.	.	.	.
Sont tantôt Radicales, tantôt Serviles, et retiennent le nom de Serviles.	N'est jamais 2e et 3e radicale tout-à-la-fois. *Voyez* les Dictionnaires.	N'est jamais 3e radicale. *Voyez* les Dictionnaires.	N'est jamais 3e radicale dans aucun verbe. *Voyez* les Dictionnaires.	Sont quelquefois [illegible], c'est-à-dire, manquent quelquefois dans la racine dont elles font partie. *Voyez* les tableaux des verbes.	Ne sont jamais [illegible], c'est-à-dire, ne manquent jamais dans la racine dont elles font partie; Excepté quand la racine est doublant ע. *Voyez* les VIII. et IX. tableaux.	Sont formatives, soit dans les noms et les pronoms, soit dans les verbes. *Voyez* les tableaux des noms, des pronoms et des verbes.	Affixes, sont pronoms personnels. *Voyez* le tableau des pronoms.	Préfixes, sont particules. *Voyez* les Dictionnaires.	Préfixe, est l'article françois le, la, les; a quelquefois la valeur du mot אשר, qui, que, quod. Il vaut aussi la particule in des Latins, pour marquer le transport d'un lieu dans un autre; mais alors ה est à la fin du mot.	Préfixe, est la particule conjonctive et, mais avec des valeurs très-variées. *Voyez* les Dictionnaires.	Préfixe, est abréviature du mot אשר, qui, que, quod. *Voyez* le tableau des pronoms.

INTRODUCTION AUX NOMS.

L'Être grammaticale des Noms est aussi simple dans l'Hébreu que dans le françois.

Le rapport de chaque Nom avec les autres mots de la phrase n'est pas exprimé par des variations de désinences ou *cas*, c'est-à-dire, chûtes, *déclins*; ce qui forme les *déclinaisons* du latin et du grec. Ce rapport est marqué en Hébreu, comme en françois, par des particules qui précèdent le Nom, et qu'on appelle *Prépositions*.

Les Noms ont en Hébreu comme en françois, deux genres, *Masculin* et *Féminin*; ils n'ont point de *Neutre*. On verra de certains Noms qu'on appelle *Communs*, qui réunissent les deux genres, comme en latin le mot *Dies*.

On distingue SUBSTANTIFS et ADJECTIFS; SINGULIER, PLURIEL, DUEL.

Les Substantifs	Les Adjectifs
Au Singulier ne se distinguent pas par leurs lettres, de même que dans le mot latin *laudem*, on ne distingue pas par les lettres s'il est accusatif de *laus*, ou 1re personne du présent du subjonctif de *laudo*.	*Au Singulier*; *Masculins*, ne se distinguent pas par leurs lettres. *Féminins*, se distinguent ordinairement par la terminaison ה, ajoutée au Masculin.
Au Pluriel, ils se distinguent ordinairement; Les *Masculins*, par l'une des trois terminaisons, ים, ם, ין. Les *Féminins*, par l'une des deux terminaisons, ות, ת.	*Au Pluriel*; ils ont les mêmes terminaisons que les substantifs.

Le *Duel* se distingue quelquefois par l'une des deux terminaisons ים, ותים, formées par la réunion des terminaisons masculine et féminine du Pluriel. D'autres fois le Duel se termine comme le Pluriel; mais cela n'empêche pas de discerner quand ce Pluriel est un véritable Duel.

1°, Si ce Pluriel exprime un objet qui soit double par nature ou par institution humaine, comme *les yeux*, *les mains*, *les meules d'un moulin*; il est clair qu'il faudra, si la phrase l'exige, entendre *les deux yeux*, *les deux mains*, *les deux meules*.

2°, Si l'objet exprimé par ce Pluriel est susceptible d'être en grand ou en petit nombre, alors ce Pluriel, seul, destitué d'aucun Nom de nombre qui détermine sa quantité, doit, si le sens exige une quantité déterminée, s'entendre comme un Duel, de même que si le texte exprimoit le nombre *deux*. Par exemple : *Josué*, ch. 7, v. 3, se proposant d'attaquer la ville d'Haï, envoie des gens à la découverte. A leur retour, ces espions lui disent : *Il n'est pas nécessaire que tout le peuple marche contre cette ville. Il suffit d'envoyer* אלפים, *millia*, ou שלשת אלפים, *tria millia*. On voit clairement que le premier mot, אלפים, *millia*, est un véritable Duel, *duo millia*.

L'usage apprendra un petit nombre de Noms qui, sans avoir l'une des deux terminaisons ים, ותים, ont pour le Duel un autre mot que pour le Pluriel. Par exemple : יום, *Dies*, singulier; ימים, *Dies*, pluriel; יומים, *duo Dies*, Duel.

Les Prépositions qui expriment le rapport des Noms avec les autres mots de la phrase, sont :

ל Qui, uni au commencement d'un Nom, lui donne la valeur du génitif ou du datif latin. Ce ל manque quelquefois.

את Qui, mis avant un Nom et séparément, lui donne la valeur de l'accusatif latin, après un verbe actif. Ce mot את manque souvent.
Quelquefois את se trouve accompagner le sujet de la phrase, surtout si le verbe est passif.

מ Qui, uni au commencement d'un Nom, lui donne la valeur de l'ablatif latin.

מן. Donne aussi au Nom la valeur de l'ablatif latin, mais en est détaché et le précède immédiatement.

Outre ces Prépositions, les Noms portent souvent uni à eux avant leur première lettre, l'article ה, dont la valeur ressemble assez à l'article, ὁ, ἡ, τὸ des grecs, et qui a la même énergie. Cet article ה s'associe également avec toutes les Prépositions qui viennent d'être détaillées, et sert à tous les genres et à tous les nombres.

EXEMPLE :

מלך Rex,

למלך ou להמלך	*Regis* ou *Regi*.
את מלך ou את המלך	*Regem*.
ממלך ou מהמלך; מן מלך ou מן המלך	*a Rege*.

On distingue dans les Noms :

L'état construit : C'est lorsqu'un Nom est suivi de ce qu'on appelle en latin un *Génitif*. Un Nom singulier en état construit, ne subit aucune mutation, à moins qu'il ne se termine par un ה servile, et alors cet ה se change en ת.

Les Noms pluriels, s'ils sont terminés en ים, perdent leur ם final : et par conséquent finissent en י, au lieu de finir en ים. S'ils sont terminés en ות, ils ne subissent aucune mutation, à moins qu'ils ne soient suivis d'un pronom affixe. Dans ce cas, un י s'interpose entre le ת, et ce pronom. Exemple : דברות, *verba*, דברותינו, *verba nostra*.

Nota. Ces deux terminaisons י et ת pour l'état construit se rencontrent quelquefois, quoiqu'il n'y ait pas d'état construit.

L'état absolu : C'est lorsqu'un Nom n'est pas suivi de ce qu'on appelle en latin un *Génitif*.

Les Noms adjectifs en Hébreu n'ont point de Comparatif ni de Superlatif.

Pour tenir lieu du Comparatif, la particule מן, signifiant *plus que*, se met séparément entre l'Adjectif et le Nom de l'objet sur lequel porte la comparaison; ou seulement la lettre מ, qui est un abrégé de מן, s'unit au commencement de ce Nom.

Pour tenir lieu du Superlatif, c'est la particule מאד, signifiant *très*, ou une autre de même valeur, qui se met séparément, avant ou après l'Adjectif.

DES NOMS QUANT A LA RACINE.

Les uns, en petit nombre, ne tiennent radicalement à aucun verbe. Exemple : ראש, *caput*; סוס, *equus*; איש, *vir*; יום, *dies*.
Les autres tiennent radicalement à quelque verbe, et à cause de cela sont appelés *Verbaux*. Il y en a qui admettent une ou plusieurs des sept lettres formatives א, ה, ו, י, מ, נ, ת. Quelques-uns n'admettent aucune lettre formative, et consistent dans les lettres de la racine. Certains manquent de quelques lettres radicales, à la manière des verbes défectueux auxquels ils appartiennent; ils admettent quelques lettres formatives, ou n'en admettent point. D'autres enfin contiennent plus de trois radicales.

אבד perire.
· · · / ה · · · / ן · · · / ין · · · } perditio.

אבה velle.
· · · voluntas.
ין · · · egenus.
יונה · · · cupido.

אמן { verum, fidelem } esse.
· · · / ה · · · } veritas.
ה · י · · · / ת · · } fidelitas.

אנף irasci.
אף { ira. nasus. vultus.

אחר morari.
· · · alius.
· · · post.
ון · · · posterior.
ית · · · posteritas.
נית · · · / ו · · · } retrocessio.

בוס conculcare.
מ · · · ה / ת · · · ה } conculcatio.

בטח sperare.
· · · / ה · · · / ון · · · / מ · · · } spes.

גדל magnum esse.
· · · / ה · · · / ו · · · } magnitudo.
מ · · · / מ · ו · · } turris.

דלה extollere.
י · · · haustrum.

זרח oriri.
· · · / מ · · · } ortus.
א · · · indigena.

חתת terreri.
· · · / · · / ה · · / מ · ה / מ · · ית } terror.

יכח corripere.
תי · · ה / תו · · ת } correptio.

ירא timere.
ה · · · / מו · · } timor.

ירש hæredem esse.
ה · · · / מו · · ה } hæreditas.

יצא exire.
· · / ה · · } excrementum.
מו · · / מ · · } productio.
מוציאים / צאצאים } progenati.
תוצאות exitus.

כלה perfici.
ית · · · / יון · · · } perfectio.

למד discere.
ת · · · י · discipulus.

לקח { capere. accipere.
· · · { perceptio. doctrina. disciplina.
מ · · · captura.
מ · · · ים forcipes.
מ · · acceptio.
מ · · ות merces.

לקט colligere.
· · · collectio.
י · ו · · pera.

נוח quiescere.
· · · / מ · · · / מ · · · ה / מ · חה } quies.

נכר alienare.
· · · alienatio.
י · · · alienus.

נתן dare.
· · · ינים servi dedititii.
מ · ן / מ · נה / מ · ת } donum.

פאר ornare.
· · · / ת · · · ה / ת · · · ת } ornamentum.
ר · · · · elegantia.

פדה redimere.
וי · · / ות · · / יום · · / יון · · } redemptio.

קום { stare. surgere.
ה · · · statura.
מיות · · · erectio.
· · · י substantia.
מ · · · locus.
ת · · · ה resurrectio.
· י · substantia.
ה · י · surrectio.
מח · sepes.

קטר suffire.
· · · / ה · · · / ת · · · } suffitus.
מ · · · suffimentum.
· ו · י · fumus.

קנה possidere.
מ · · · / מ · · ון } possessio.

רגן murmurare.
נ · · · murmurator.

ריב litigare.
· י · lis.
מ · י · ה contentio.
· י · י litigator.

רצה benè velle.
ון · · benevolentia.

צדק justum esse.
· י · · justus.

צור arctare.
· א · · collum.
מ · · · obsidio.
· ר hostis.

שבץ ocellare.
· · · ocellata chlamys.
מ · · · ה { ocellatio. pala annuli.
ת · · · ocellatio.

שמע audire.
· · · / ה · ו · · / מ · · · } auditio.

שמר custodire.
א · · · ה / א · ו · · ה } vigilia noctis.

תאב desiderare.
ה · · · desiderium.

תאר formare.
· · · forma.

תעה errare.
· ו · · error.
תעים · · errores.

LES DIFFÉRENS NOMS DE DIEU.

יהוה est proprement le nom de Dieu, celui qui exprime son essence. Il signifie l'Être, c'est-à-dire, le seul de tous les êtres qui ait une existence indépendante d'aucun autre. La racine de ce mot est הוה, qui signifie *Esse*. Le י initial est la lettre serville formative du nom propre : comme on voit dans יעקב, *Jacob*, dont la racine est עקב ; dans יצחק, *Isaac*, dont la racine est צחק ; et comme on a vu dans le cinquième tableau les noms יקום, יריב. La valeur de cet י sera sentie, quand on aura vu quel est son usage dans la troisième personne du futur des verbes, et que ce futur marque souvent la manière d'être ou d'agir, la continuité de l'état ou de l'action que le verbe signifie. C'est alors un véritable aoriste, *temps indéterminé*, ou plutôt, c'est une expression qui, sous l'apparence d'un temps déterminé au futur, est réellement sans détermination de temps, et comprend tout à la fois le passé, le présent et l'avenir.

Le sens du mot יהוה est divinement expliqué par Saint Jean, dans l'*Apocalypse*, chap. 1, vers. 4 : *Qui est, qui fuit, qui erit.*

Dieu lui-même, *Isaïe*, chap. 42, vers. 8, déclare que ce nom יהוה est propre à lui seul.

Comme nom propre, il n'admet pas l'article préfixe ה, de même qu'on ne voit pas היעקב, היצחק.

Les Septante ont traduit ce mot par Κύριος, parce qu'ils ont adopté l'usage des Juifs, qui, mettant du scrupule à prononcer ce grand nom יהוה, prononcent à sa place le mot אדני, qui signifie *Dominus*. Ce dernier mot est celui qui se trouve dans la Vulgate.

Le mot françois qui paroît rendre le plus exactement יהוה, c'est L'ÉTERNEL, mot qui, à cause de son article, a une énergie que n'a pas le latin ÆTERNUS.

אהיה signifie de même que יהוה, l'Être par excellence. Sa racine est היה, qui, de même que הוה, signifie *Esse*. La différence entre ces deux mots est que יהוה, qui a une forme de troisième personne, est le nom que les Anges ou les Hommes emploient en parlant de Dieu, au lieu que אהיה, qui a une forme de première personne, est le nom que Dieu emploie en parlant de lui-même ; et cela n'arrive que dans une circonstance. *Exode*, chap. 3, vers. 14 : Moïse demande à Dieu ce qu'il devra répondre aux enfans d'Israël, s'ils lui demandent le nom de celui de la part duquel il vient vers eux. Alors Dieu dit : אהיה אשר אהיה ; paroles que Bossuet, *Discours sur l'Histoire Universelle*, deuxième partie, chap. 3, traduit : JE SUIS CELUI QUI SUIS. Plusieurs fois ailleurs, Dieu parle de lui-même en se servant du mot יהוה ; mais ici seulement, *Exode*, chap. 3, Dieu s'explique sur son essence.

יה est évidemment un abrégé d'יהוה, et a la même valeur.

אלה, אלהים, אלוה, אל Ces quatre mots sont aussi employés pour signifier *Dieu*, mais non pas son essence. Ils signifient seulement celui qui mérite l'honneur, le respect, les hommages, le culte. La racine est אלה, *colere*, *honorare* (dont l'usage est fréquent dans l'Arabe).

אלהים est, de ces quatre mots, celui qui se rencontre le plus fréquemment. Quoique sa forme présente une terminaison qui est ordinaire au pluriel, il n'est pas moins singulier ; la preuve est que jamais on ne le trouve construit avec un verbe qui soit au pluriel. A peu près de même en françois, les mots *vous*, *nous*, sont singuliers, s'ils se rapportent à un seul individu. L'italien et l'espagnol ont de pareils exemples. Si l'on veut avoir la démonstration complète que ce mot אלהים est singulier, quand il se rapporte à Dieu ; on peut lire au *Deutéronome*, les versets 35 et 39 du chap. 4, et le vers. 4 du chap. 6 ; le psaume 86, vers. 10 ; le vers. 6 du chap. 44, et le vers. 21 du chap. 45 d'Isaïe. Dans ces différens endroits le mot אלהים est employé pour signifier Dieu, et en même-temps il est dit que *Dieu est un*.

La valeur radicale est la raison pour laquelle ce mot אלהים s'emploie aussi pour signifier tous les autres êtres auxquels les hommes adressent des hommages mérités ou non ; *les Anges*, *les Princes*, *les Juges*, *les Idoles* : mais alors ce nom est pluriel, et construit avec un verbe au pluriel.

אדני, אדון Ces deux mots signifient *Dominus* ; il n'est pas rare que ces noms soient donnés à d'autres qu'à Dieu, et dans ce cas, ils prennent la forme du pluriel, si le sujet est pluriel. Jamais ce n'est le pluriel, quand Dieu est le sujet.

עליון *Excelsus*, *supremus* : ce nom est régulièrement formé du verbe עלה, *ascendere*.

שדי est un des noms donnés à Dieu, et signifie *omnipotens* : il a également cette valeur, quelle que soit celle qu'on veuille choisir des deux racines auxquelles on l'attribue ; suivant les uns, c'est un mot composé de ש, *qui*, et de די, *sufficiens* : suivant les autres, ce mot appartient à la racine שדד, *vastare*, et signifie *vastator*, celui qui punit, qui détruit, renverse et ravage, quand il le veut, par exemple, la ville de Sodôme. Dans le Deutéronome, chap. 32, vers. 17, les démons sont appelés שדים, parce qu'en effet ils sont *vastatores*, quand Dieu leur en laisse le pouvoir, pour punir les hommes.

LES PRONOMS.

PERSONNELS.

		ENTIERS ET SÉPARÉS.	ABRÉGÉS ET AFFIXES. Aux particules.			Aux noms et aux verbes.
1re Pers.	Sing. Commun.	אנכי, אני	לי	אתי איתי	מני ממני	ני, י
	Plur. Commun.	נחנו, אנחני, אנו	לנו	אתנו איתני	ממנו	נו
2e Pers.	Sing. Masculin.	אתה	לכה	אתכה איתכה	ממכה	
	Sing. Commun.	אתי, את	לך	אתך אותך	ממך	כה, כי, ך
	Sing. Féminin.		לכי	אתכי איתכי	ממכי	
	Plur. Masculin.	אתם				
	Plur. Commun.		לכם	אתכם אותכם	ממכם מכם	כם
	Plur. Féminin.	אתנה, אתן	לכן לכנה	אתכן אותכן אתכנה אותכנה	ממכן מכן ממכנה מכנה	כנה, כן
3e Pers.	Sing. Masculin.		לו למו	אתו אותו	ממנו מנהו	מו, נו, הו, ו
	Sing. Commun.	הוא				
	Sing. Féminin.	היא	לה	אתה אותה	ממנה	נה, ה
	Plur. Masculin.		למו			מו
	Plur. Commun.	המה, הם	להם	אתם אותם	מהם	המה, הם, ם
	Plur. Féminin.	הנה, הן	להן להנה	אתן איתן אתנה איתנה	מהן מהנה	הנה, נה, הן, ן

Ce qui dans les colonnes précédentes est nommé *pronoms personnels*, *entiers et séparés*, représente les nominatifs latins : *Ego*, *Nos* ; *Tu*, etc., etc.

Les affixes que nous avons joints avec ל, את, מ, sont susceptibles de se joindre avec toutes autres particules, mais nous les avons joints ici avec les particules ל, את, מ, pour représenter en hébreu les différens cas des pronoms latins. On a vu dans le quatrième tableau que ל marque le génitif et le datif ; את marque l'accusatif : (avec les affixes, on trouve souvent אות pour את) ; מ marque l'ablatif : (avec les affixes, on trouve souvent aussi מם pour מ). Par le moyen de ces affixes et de ces particules, l'Hébreu fait tout ce que le latin et les autres langues font à l'aide de leurs pronoms possessifs.

Les noms pluriers terminés en ת, et pareillement quelques autres noms, prennent י avant les affixes. Cet י ajouté est une lettre qui n'appartient proprement ni au nom ni au pronom affixe. On a quelque chose d'à-peu-près semblable en françois, dans le t qui se met entre certains mots, par exemple : *verra-t-on*.

DEMONSTRATIFS.

SÉPARÉS.

Sing.	Commun.	הלזה, הלזו, הלז, זה, זו, זה
	Féminin.	זאת
Plur.	Commun.	אלה, אל

PRÉFIXE.

Sing. Plur.	Commun.	ה

RELATIFS.

		SÉPARÉ.		PRÉFIXE.
Sing. Plur.	Commun.	אשר	—	ש

INTERROGATIFS.

SÉPARÉS.

Sing. Plur.	Commun.	מי	Quand il s'agit des personnes.
Sing. Plur.	Commun.	מה	Quand il s'agit des choses.

PRÉFIXE.

Quand il s'agit des choses

מ

NOTA. Quelqu'un a donné מן comme interrogatif, quand il s'agit de choses. Mais l'exemple qu'il a cité en preuve, déjà faible par lui-même, l'est encore plus et devient même nul, parce qu'il est unique.

OBSERVATIONS sur le Mot אשר

Ce mot qui vaut quelquefois à lui seul tous les mots du pronom latin *qui*, *quæ*, *quod*, est dans certains cas accompagné du pronom personnel affixe, qui se combine avec lui pour déterminer son rapport avec les autres mots de la phrase.

EXEMPLE :

אשר כירו

Les deux mots ו — אשר, *qu-ejus*, répondent ici au *cujus* des latins.

Dans d'autres circonstances, et suivant l'exigence de la phrase, les deux mêmes mots ו — אשר, peuvent signifier *qu-eum* ou *quem*.

De même au sens :

ם — אשר qu { *eos* – *quos*; *eorum* – *quorum*. }

Cela doit faire entendre par quelle erreur l'auteur de la traduction vulgate de la Bible a répété des pronoms mal-à-propos dans quantité d'endroits, par exemple : *Eorum* dans le verset 4 du psaume 18 : *Non sunt loquelæ neque sermones, quorum non audiantur voces* EORUM.

INTRODUCTION AUX VERBES.

En se servant des termes reçus dans les Grammaires Latines, on peut dire que les verbes en Hébreu n'ont qu'une Conjugaison, qui a cinq voix.

Le verbe פעל, *faire*, est adopté depuis long-temps pour être modèle de tous les verbes réguliers. Ce verbe donne à leurs cinq voix le nom des siennes.

Le verbe מסר, *livrer*, est un verbe régulier dans ses cinq voix. Il est rapproché ici de פעל, pour donner un exemple de la manière dont tous les verbes réguliers se modèlent sur פעל.

Voix		Nom	פעל		מסר	
La 1re est	l'ACTIF connu dans les Grammaires Latines. Son infinitif est la racine de tout le verbe.	Elle se nomme PHÂL	פעל	signifie *faire.*	מסר	signifie *livrer.*
La 2e est le PASSIF.		Elle se nomme NOUPHÂL	· · · נ	*être fait.*	· · · נ	*être livré.*
La 3e est	UN AUTRE ACTIF inconnu dans les Grammaires Latines.	Elle se nomme EPHÂIL	· י · · ה	*faire faire.*	· י · · ה	*faire livrer.*
La 4e est le PASSIF DE LA 3e.		Elle se nomme EPHÂL	· · · ה	*faire être fait.* *être fait faire.*	· · · ה	*faire être livré.* *être fait livrer.*
La 5e est	ce qu'on appelle le verbe RÉFLÉCHI ou RÉCIPROQUE.	Elle se nomme ETHAPHÂL	· · · הת	*se faire.*	· · · הת	*se livrer.*

Les points dans les mots Hébreux ci-dessus représentent la racine, et les lettres qui se voyent avant et entre ces points, sont les lettres formatives, caractéristiques des quatre dernières voix.

Pour désigner la seconde voix, par exemple, de מסר, *livrer*, on dit le NOUPHÂL de מסר, comme si en latin on disait *l'amor* de *laudo*, au lieu de dire la voix passive du verbe *laudo*.

Nous pourrions nous dispenser de dire que l'on rencontre souvent en Hébreu des verbes qui ne sont pas susceptibles de ces cinq voix, d'autres qui en seroient susceptibles, mais qui ne les ont pas : ces variétés sont également dans les autres langues. Quelques verbes auront à l'EPHÂIL, à l'ETHAPHÂL etc. la signification de PHÂL, et réciproquement la voix PHÂL aura la signification de quelques-unes des autres voix. On verra des verbes qui, sous une même voix, ont la double signification active et passive.

Cette différence dans la nature des verbes leur a fait donner les différens noms de transitifs, intransitifs, neutres, communs etc. Nous ne croyons pas nécessaire d'en donner ici des exemples. Ceux du latin sont assez connus et doivent suffire. D'ailleurs les Dictionnaires donneront de ces exemples en Hébreu, comme ils en donnent en latin.

C'est assez que nous nous occupions de ce qui est particulier à l'Hébreu. Les tableaux présenteront des modèles des verbes réguliers, c'est-à-dire, de ceux qui suivent une loi commune au plus grand nombre; et des verbes irréguliers, c'est-à-dire, des verbes qui s'écartent de cette loi commune.

L'irrégularité n'est ordinairement que dans les lettres radicales. Dans les autres lettres, il y a presque toujours uniformité. Par cette raison nous n'exposerons les verbes irréguliers que sommairement. Les réguliers auront seuls un développement complet, qui sera commun pour tous; et ce développement est simple.

CHACUNE DES CINQ VOIX A

1° UN INFINITIF, qui exprime le passé, le présent, le futur.

2° UN PARTICIPE, qui appartient au passé, au présent ou au futur, suivant les circonstances; et comme, à raison de sa forme, il est nom adjectif, on ne verra dans sa case, au tableau des verbes, qu'un seul mot, qui est le singulier masculin. Pour former son singulier féminin, son masculin et son féminin pluriels, il suit la loi des noms adjectifs. On aura donc à cet égard recours aux tableaux des noms.

3° UN PRÉTÉRIT, qui exprime ce qu'on appelle dans les grammaires latines, imparfait, parfait, plusque-parfait de l'indicatif, ainsi que du subjonctif. Souvent aussi, le prétérit exprime le présent, ou le futur.

4° UN FUTUR, qui a d'abord la valeur des différens futurs des autres langues, et en outre quelques valeurs accessoires : 1° il exprime l'impératif; 2° il signifie l'habitude de l'action ou de l'état exprimés par le verbe; 3° il marque un temps indéterminé nommé AORISTE, comme quand on dit en françois : l'homme sage considère la fin et les moyens de toute sa conduite.

5° UN IMPÉRATIF, pour commander, ou prier, ou permettre, ou exhorter. Quelquefois aussi, il contient une promesse, comme lorsque Dieu dit dans les Proverbes. IV. 4. *serva mandata mea*, et VIVE, pour VIVES.

Le prétérit, le futur, et l'impératif ont dans les tableaux tout le détail qui leur est nécessaire.

Un premier tableau contient pour chaque voix sa forme la plus simple.

Dans un autre tableau sont les formes plus composées, sous le nom de *variantes*.

Les variantes des verbes irréguliers ont aussi leur tableau particulier, qui leur suffit.

NOTA. L'Étudiant pourra bien, à la première lecture de ce Tableau, être tenté de croire que les différens temps que chaque mot des verbes peut signifier, doivent introduire de l'obscurité dans l'intelligence des textes; mais qu'il y réfléchisse, nos verbes en françois ont une pareille mobilité d'exceptions. N'arrive-t-il pas tous les jours, par exemple, que quelqu'un qui se dispose à partir, et qui promet de revenir [illegible], dise : *Je pars, et je reviens?* On trouveroit sans peine beaucoup d'exemples semblables dans les anciens auteurs. C'est ainsi que dans TÉRENCE un homme qui en consulte un autre sur ce qu'il fera, lui dit : *Quid ago*, pour *Quid agam*, que ferai-je?

DES DIFFÉRENTES ESPÈCES DE VERBES.

REGULIERS.

Ce sont ceux qui ont constamment leurs trois lettres radicales, sans jamais en perdre aucune.

EXEMPLES.

פעל,	*Faire.*
מסר,	*Livrer.*
שמר,	*Garder.*
ברך,	*Bénir.*
כתב,	*Écrire.*
בחן,	*Tenter.*
בחר,	*Choisir.*
דרך,	*Marcher.*
שבר,	*Briser.*
עבר,	*Servir.*
פלג,	*Diviser.*
מהל,	*Mêler.*

IRRÉGULIERS.

Les uns, qu'on appelle DÉFECTUEUX, ont trois lettres radicales, mais en perdent quelquefois une ou même deux : Ainsi, il y a des

DÉFECTUEUX

D'une seule Lettre.

Ils ne perdent jamais qu'une radicale, soit la 1re, soit la 2e, soit la 3e.

3. ל	2. ע	1. פ
א	ו	א
ה	י	י
ן	Doublans *	ל
ת		נ

Nota.

Les chiffres qui sont sur les trois lettres du mot פעל, signifient que l'on nomme la première radicale. . . . . פ
la seconde. . . . . ע
la troisième. . . . . ל

C'est une manière abrégée de désigner chacune des trois lettres radicales.

De deux Lettres.

Ils perdent quelquefois deux radicales, la 1re, et la 3e, quelquefois une seulement.

3. ל	2. ע	1. פ
ה		א
א		י
ה		י
א		נ
ה		נ
ן		נ

PAR EXEMPLE ;

Au lieu de dire que le verbe יצר, *former*, est un verbe défectueux d'une seule lettre, et que la lettre quelquefois défective est la première radicale, on dit seulement que יצר est un verbe défectueux Phé — י

Manière de nommer les onze espèces de verbes défectueux d'une seule lettre.

DÉFECTUEUX. ל	DÉFECTUEUX. ע	DÉFECTUEUX. פ
Lamed — א.	Aïn — ו.	Phé — א.
Lamed — ה.	Aïn — י.	Phé — י.
Lamed — ן.	Doublans — ע.	Phé — ל.
Lamed — ת.		Phé — נ.

Au lieu de dire que le verbe אבה, *vouloir*, est un verbe défectueux de deux lettres, et que les deux lettres quelquefois défectives sont la première radicale, qui est א, et la troisième qui est ה, on dit seulement que אבה est un verbe défectueux Phé — א, Lamed — ה

Manière de nommer les six espèces de verbes défectueux de deux lettres.

DÉFECTUEUX.	DÉFECTUEUX.
Phé — א, Lamed — ה.	Phé — נ, Lamed — א.
Phé — י, Lamed — א.	Phé — נ, Lamed — ה.
Phé — י, Lamed — ה.	Phé — נ, Lamed — ן.

* Les doublans — ע sont ainsi nommés, parce qu'ils doublent leur seconde radicale, et qu'alors ils ont leurs deux dernières radicales semblables. La défectuosité de ces verbes consiste à perdre quelquefois la première de ces deux lettres. — Il n'y a de tout l'alphabet que א, ו, י, qui [illegible] rencontrent jamais deuxième et troisième radicales dans cette espèce de verbes.

D'autres

ont quatre lettres radicales.

Quelquefois ce sont des lettres répétées, soit l'une, soit l'autre, ou plusieurs des trois lettres radicales.

EXEMPLES.

גלל / גלגל	*Rouler.*
אמל / אמלל	*Languir.*
חרר / חרחר	*S'enflammer.*
טול / טלטל	*Apporter.*

D'autres

ont cinq lettres radicales.

Ces verbes sont toujours formés par la répétition de deux des trois lettres radicales.

EXEMPLES.

יפה / יפיפה	*Être beau.*
סחר / סחרחר	*Tourner.*
חמר / חמרמר	*Être troublé.*

DES VERBES DÉFECTUEUX ET DES LETTRES DÉFECTIVES.

RÉDUCTION DES VERBES DÉFECTUEUX,

Nota. La réduction des Verbes défectueux est saisie ici de nouveau sous les yeux du lecteur, afin qu'il puisse s'assurer que les Lettres défectives se réduisent aux 7 marquées dans le III. tableau, א, ה, ו, י, ל, נ, ת.

D'UNE SEULE LETTRE. ל	ע	פ
א	י	א
ה	ו	י
ן	Doubles.	ל
ת		נ
4	3	4

DE DEUX LETTRES. ל	ע	פ
ה	. . . .	א
א	. . . .	י
ה	. . . .	י
א	. . . .	נ
ה	. . . .	נ
ן	. . . .	נ

12. . . . 6.
44 11

11 — 33 — 6

NOTE PLUS DÉTAILLÉE DES 7 LETTRES DÉFECTIVES.

א { Peut manquer, s'il est 1re ou 3e radicale.
Ne manque pas, s'il est 2e radicale.
N'est jamais 2e et 3e radicale tout à la fois.

ה { Ne manque pas, s'il est 1re radicale, ni s'il est seulement 2e.
Peut manquer, s'il est 3e radicale seulement.
Peut être 2e et 3e radicale tout à la fois.

ו { Peut manquer, s'il est 2e radicale.
N'est jamais 3e radicale.
N'est 1re radicale que dans le mot וו, *uncinus*.

י { Peut manquer, s'il est 1re ou 2e radicale.
N'est jamais 2e et 3e radicale tout à la fois.
N'est 3e radicale que dans le mot גוי, *gens*.

ל { Ne manque comme 1re radicale que dans la racine לקח, *capere*.
Peut être 2e et 3e radicale tout à la fois.
Ne manque pas, s'il est seulement 2e radicale.

נ { Peut manquer, s'il est 1re ou 3e radicale.
Peut être 2e et 3e radicale tout à la fois.
Ne manque pas, s'il est seulement 2e radicale.

ת { Peut manquer, s'il est 3e radicale.
Peut être 2e et 3e radicale tout à la fois.
Ne manque pas, s'il est seulement 2e radicale.

RACINES DISPOSÉES EN ONZE COLONNES, POUR EXEMPLES DES ONZE ESPÈCES DE VERBES DÉFECTUEUX D'UNE SEULE LETTRE.

ל				ע			פ			
11e COLONNE. Lamed - ת.	10e COLONNE. Lamed - ן.	9e COLONNE. Lamed - ה.	8e COLONNE. Lamed - א.	7e COLONNE. Doublans - ע.	6e COLONNE. Aïn - י.	5e COLONNE. Aïn - ו.	4e COLONNE. Phé - נ.	3e COLONNE. Phé - ל.	2e COLONNE. Phé - י.	1re COLONNE. Phé - א.
כרת, frapper.	אמן, nourrir.	קנה, posséder.	מצא, trouver.	קצץ, couper.	איב, haïr.	שום, mettre.	נבל, tomber.		ישב, être assis.	אמר, dire.
שבת, cesser.	שען, s'appuyer.	גבה, s'élever.	מלא, remplir.	פלל, juger.	ריק, épuiser.	קום, subsister.	נגד, annoncer.	לקח, prendre.	יעץ, conseiller.	אבד, périr.
שרת, servir.	עגן, retarder.	נגה, briller.	קלא, fermer.	כהה, se rider.	ריע, crier.	רוץ, courir.	נדף, chasser.		יצר, former.	אלף, instruire.
								Nota. Ce Verbe est le seul de cette espèce.		

RACINES DES 33 VERBES DÉFECTUEUX DE DEUX LETTRES, EN SIX COLONNES.

6e COLONNE. ן — נ	5e COLONNE. ה — נ	4e COLONNE. א — נ	3. COLONNE. ה — י	2e COLONNE. א — י	1re COLONNE. ה — א
נתן, donner.	נאה, convenir. נדה, séparer. נוה, habiter. נזה, se répandre. נהה, se lamenter. נחה, conduire. נטה, incliner. נכה, frapper. נלה, achever. נסה, ôter. נצה, s'envoler. נקה, être pur. נשה, oublier.	נבא, prophétiser. נשא, porter.	יאה, convenir. יגה, s'attrister. ידה, lancer. ינה, opprimer. יעה, éloigner. יפה, être beau. ירה, jeter. ישה, être.	יצא, sortir. ירא, craindre.	אבה, vouloir. אוה, désirer. אלה, honorer. אנה, arriver. אפה, cuire. ארה, cueillir. אתה, venir.
1	13	2	8	2	7

CONJUGAISON D'UN VERBE RÉGULIER.

CINQ VOIX.			1re PHÂL פעל			2e NOUPHAL נפעל			3e EPHAÏL הפעיל			4e EPHÂL הפעל			5e ETHAPHÂL התפעל		
			Féminin.	Commun.	Masculin.	Féminin.	Commun.	Masculin.	Féminin.	Commun.	Masculin.	Féminin.	Commun.	Masculin.	Féminin.	Commun.	Masculin.
INFINITIF.				···			···נ			·י··ה			···ה			···הת	
PARTICIPE	SINGULIER.				···			···נ			·י··מ			···ה			···מת
PRÉTÉRIT.	SINGULIER.	pers. 3.	ה···		···			···נ	ה·י··ה		·י··ה			···ה			···הת
		2.		ת···		Les crémens (c. à. d. ce qui est ajouté à la fin) sont les mêmes que ceux de Phâl.				ת···ה		Les crémens sont les mêmes que ceux de Phâl.			Les crémens sont les mêmes que ceux de Phâl.		
		1.		ית···						ית···ה							
	PLURIEL.	3.		ו···						ו·י··ה							
		2.	תן···		תם···				תן···ה		תם···ה						
		1.		נו···						נו···ה							
FUTUR.	SINGULIER.	3.	···ת		···י			···י			·י··י						···תי
		2.	י···ת		···ת	Les augmens (c. à. d. ce qui est ajouté au commencement) et les crémens sont les mêmes que ceux de Phâl.			Les augmens et crémens sont les mêmes que ceux de Phâl.			Le futur est comme celui de Nouphâl.			Le futur conserve le ה caractéristique de sa voix, et prend en outre les mêmes augmens et crémens que ceux de Phâl.		
		1.		···א													
	PLURIEL.	3.	ן···ת		ו···י												
		2.	ן···ת		ו···ת												
		1.		···נ													
IMPÉRATIF.	SINGULIER.	2.	י···		···			···נ			·י··ה	L'impératif manque.					···הת
	PLURIEL.	2.	ן···		ו···	Les crémens sont les mêmes que ceux de Phâl.			Les crémens sont les mêmes que ceux de Phâl.						Les crémens sont les mêmes que ceux de Phâl.		

VARIANTES DE LA CONJUGAISON D'UN VERBE RÉGULIER.

LES VARIANTES DE LA VOIX PHÂL.

INFINITIF.

Féminin.	Commun.	Masculin.
	···ה	
	···ת	
	··ו·	
	··ו·ה	
	··ו·ת	

PARTICIPE.

	Féminin.	Commun.	Masculin.
Sing.			·ו··

PRÉTÉRIT.

	Pers.	Féminin.	Commun.	Masculin.
Sing.	3.	···ה		
	2.		···תה ···תי	
	1.		···ת	
Plur.	3.		···ון ···וא	
	2.	···תנה		
	1.		···ן	

FUTUR.

	Pers.	Féminin.	Commun.	Masculin.
Sing.	3.	ת···ה ת··ו· ת··ו·ה		י···ה י··ו· י··ו·ה
	2.	ת···ין ת··ו·י ת··ו·ין		ת···ה ת··ו· ת··ו·ה
	1.		א···ה א··ו· א··ו·ה	
Plur.	3.	ת···נה ת··ו·ן ת··ו·נה ת···ו ת···ין ת··ו·ו ת··ו·ון י···נה		י···ון י··ו·ו י··ו·ון
	2.	ת···נה ת··ו·ן ת··ו·נה	ת···ון ת··ו·ו ת··ו·ון	
	1.		נ···ה נ··ו· נ··ו·ה	

IMPÉRATIF.

	Pers.	Féminin.	Commun.	Masculin.
Sing.	2.	··ו·י		···ה ··ו· ··ו·ה
Plur.	2.	···נה ··ו·ן ··ו·נה		···ון ··ו·ו ··ו·ון

LES VARIANTES DE NOUPHÂL,

Quant aux crémens et aux lettres intercalées entre les radicales, sont les mêmes que celles de Phâl, et en outre ce qui suit :

A L'INFINITIF...........	ה··· ה··ו·	Quant à la caractéristique, ont lieu de la manière qui se voit dans quatre des sept mots ci-contre.
AU PARTICIPE...........	··ו· ···	
AU PRÉTÉRIT...........	נ··ו·	
A L'IMPÉRATIF...........	ה··· ה··ו·	

LES VARIANTES D'ÉPHÂIL,

Quant aux crémens, sont les mêmes que celles de Phâl.

De plus,

Le י caractéristique se perd souvent.

Dans l'Infinitif, le ה caractéristique se perd aussi; mais alors le י caractéristique est conservé.

LES VARIANTES D'EPHÂL,

Quant aux crémens, sont les mêmes que celles de Phâl.

Au Participe, le ה caractéristique se change en מ.

LES VARIANTES D'ÉTHAPHÂL,

Quant aux crémens, sont les mêmes que celles de Phâl.

De plus,

Si la première lettre radicale est ס, ou ש, comme dans סבל, *porter*, שמר, *garder*, alors le ת caractéristique de cette voix se met après la première radicale; ce qui fait הסתבל, השתמר.

Si la première radicale est un צ, comme dans צדק, *être juste*, alors le ת caractéristique se change en ט, et ce ט se met après la première radicale : ainsi, on a הצטדק.

VARIANTES PROPRES AUX VERBES IRRÉGULIERS.

Il a déja été dit dans le VII. Tableau, que les Verbes irréguliers ne diffèrent presque jamais des réguliers dans les augmens et les crémens, et que la différence n'est que dans les radicales. A cela, nous ajoutons ce qui suit.

Phé - א	Aïn - ו	Doublans - ע	Lamed - א Lamed - ה
L'א se perd quelquefois après des lettres formatives; d'autres fois il se change en ו. Ces exemples sont rares. **Phé - י** L'י se change souvent en ו après des Lettres formatives.	Les deux voix Nouphâl et Ephâïl prennent quelquefois ו avant les crémens. La voix Ephâïl prend quelquefois ו après des lettres formatives et avant la première radicale. L'ו, deuxième radicale, est quelquefois changé en א. C'est un Chaldaïsme dont on verra plusieurs exemples. Ces Verbes ont encore une irrégularité qui consiste à doubler leur troisième radicale. Ce redoublement de la troisième radicale pourroit s'appeler, à l'égard de ces sortes de Verbes, une sixième voix qui adopte régulièrement tous les augmens et crémens de la voix *Phâl* des Verbes réguliers. Sa valeur est active ou passive, suivant que la phrase l'exige, et que la signification du Verbe le comporte : c'est de cette voix que ces Verbes forment leur Ethaphâl. Ainsi, de רום, *extollere*, se forme רומם, qui signifie également *extollere* ou *extolli*; et pour l'Ethaphâl, התרומם, *extollere se*.	Ces Verbes prennent quelquefois ו avant les crémens. Ils prennent aussi ו après la première radicale, et alors ils se trouvent, comme les défectueux Aïn - ו, avoir une forme composée de quatre lettres, qui est active ou passive, d'où ils tirent leur Ethaphâl. Quelquefois ils terminent leur infinitif en ות. Leur voix Ephâl prend quelquefois ו après les lettres formatives, avant la première radicale.	Ces deux sortes de Verbes changent leurs dernières radicales soit en ו, soit en י, soit en ת.

Les Variantes des Verbes défectueux de deux lettres sont les mêmes qui viennent d'être remarquées pour les Verbes défectueux d'une seule lettre. Ils suivent pour leur première radicale les Variantes des défectueux פ, et pour leur troisième radicale, les Variantes des défectueux ל.

Le Verbe נתן, seul défectueux Phé - נ, Lamed - ן, donne quelquefois à l'infinitif תתן, ou תן, ou תנת, ou תת.

השתחוה, Ethaphâl de שחה, conserve cet ו irrégulièrement intercalé avant la dernière radicale, lors même qu'il perd cette dernière radicale; ainsi, l'on trouve ישתחו, pour ישתחוה; תשתחו, pour תשתחוו.

Le Verbe substantif ישה, défectueux Phé - י, Lamed - ה, le seul impersonnel, ne représente jamais la première personne, mais la deuxième ou la troisième personne, tant du Singulier que du Pluriel, suivant qu'elle est indiquée par son sujet, qui est, ou un nom séparé, ou même un pronom affixe à ce verbe.

www.ingramcontent.com/pod-product-compliance
Ingram Content Group UK Ltd.
Pitfield, Milton Keynes, MK11 3LW, UK
UKHW022144190726
13855UKWH00003B/1337

9 782013 060073